PATAJÄTKÄ

MIX
Paperi vastuullisista lähteistä
Paper from responsible sources
FSC® C105338
FSC
www.fsc.org

PATAJÄTKÄ
@ Satu Tanninen
Taitto Satu Tanninen
Kansikuva Satu Tanninen

Kustantaja: BoD- Books on Demand GmbH, Helsinki, Suomi
Valmistaja: BoD- Books on Demand GmbH, Norderstedt, Saksa
ISBN: 978-952-286-708-7

Hän

Mä näin jo kaukaa,
kun hän saapui halki ihmismeren.
Tunsin punastuvani, ja verenikuohun.

Hänellä oli silmissään elämän jano,
jano kiihkon, ja tuskan sen,
kun kulkee läpi pettymysten.

Mies tumma, karkeapiirteinen,
hän tatuoinut kuvansa on minun sydämeen.
Elämä on niin lyhyt,
sielusi on sieluani minun vuosisatojen ajan etsinyt.
Lauantaiaamu ymmärtää aina kaiken,
tältäkö se tuntuu, ennen kuin myötätuuli
purjeisiin tarttuu.
Huomaan kuinka murheet ne yönjälkeen heikkenee.

Mä unelmista linnan teen,
se minut vangitsee.
Sisälle sen piilotan surullisen sydämen.
Silmät suljen, katsoa en saata, kun
huomiseen valoa ei näy.

Heikko on sydämeni, rakkaudenorja,
varteni naisen, notkea, norja.
Hiukseni kevät-tuulessa leijuu,
tahtoisin olla onnellinen.

Katson ulos elämää

Katson ulos elämää,
mua kyynelsilmin tässä elämässä
älä koskaan nää.
Sun vaikea on tätä ymmärtää,
sydämeni vierelläsi
kiertää samaa ympyrää.

Olet vuodenkierto sydämeni mun,
keväisin taas sinuun hulluna
uudestaan rakastun.
Olet, aamu, päivä, ilta,
joka vuoden kuu.
Olet aurinko, sen lämpö,
olet varjo joka taakseni laskeutuu.

Tervetuloa maaliskuu

Minussa on valo,
minussa on pimeys.
Minulla on sitkeä mieli,
joka unelmia syö.
Talvi tuli jäisenä,
routa rakensi sillan yli
kuuman helvetin.

Saapui viimein kevään kaiku,
alkoi jälleen maaliskuu.
Kevät kutsuu ihmislasta,
unohdukseen joutumasta.
Kohta on oinaan aika
tulla, kunhan kalat
uivat pois.
Tähtitaivas kutsuu tuolla,
astrologian kierron puolla.

Miljoona unelmaa

Miljoona unelmaa kuivassa kurkussaan
huutaa ulospääsyään.
Aivossani rummuttaa miljoona irti pääsyttä
riimiä, ulos meidät päästäkää.
Rumimmat vain säästäkää,
liiat riimit kuormittavat,
aivokoppaani kiehuvaa.

Nyt olen tässä, unelmaani
etsimässä. Hihassani pataässä,
sielussani huutaa paholainen
kohti kuuta. Enkeleillä paljon
työtä, suojella mua pitkin yötä.

Pilvinen päivä

Muistan sen erään päivän,
kun taivas ylleen kääri
tummia nuttujaan.
Niin kaiken järjen häivän,
menin tuuleen kadottamaan.
Sitä suurta rakkautta,
mikä kansat saavat kädet
yhteen liittämään.
Sitä tulin joskus runoin,
tänne maailmaan kiittämään.

Soi pilvissä laulu tuulen,
sen kaiun kaukaa kuulen,

Elonkorjuun aika

Ajattelen liikaa rakkautta,
aivan liikaa, jotain tuntematonta.
Sinä olet minun ainoa taivas, olet
ainoa sydämeni meri.
Niin kuohuvaa, sekä kiihkeää
on äitimaan vuodattama ihmisveri.

Yllätys, taas mä kirjoitan
rakkaudesta, joka ei kauan kestä.
Sitä outoa rakkautta ei voi piilottaa,
ei pois kasvoiltansa pestä.
Näihin runoihin, sekä tarinoihin
sydän turtuu. Katsokaan, ja hymyilkää,
kun nainen murtuu.
Unelmoin mä tähkäpäistä päiden yllä,
käsi kädessäsi kiinni kävelyllä.

Pian kukkivat omenapuut,
niin kuin kirsikankukat Japanin,
niiden tuoksuun sinut tallensin.
Omenani kauas puusta putosi, oli kaunis punainen.
Taideteos Luojan sen, joka meille kaiken antaa
taivaan kotiin heikon kantaa.
Olen valmista viljaa, polvilleni nöyrtynyt.
Korjaa minut silloin pois, kun elonkorjuun aika ois.

La dolce vita

En muuta voinut kuin olla
nokisydäminen enkeli.
Helmassaan enkeliä kyyneliä
vuotavaa, äitimaa kuljettaa.
Rakas ystäväni kaukana jossain,
maailma minun sydämeni vei.
Uupuu vaan kyydistään,
se onnellinen mies.

Elämä anna mulle anteeksi,
tanssin täällä
La dolce vitaa.

Yhden askeleen horjahdus

Yhden askeleen horjahdus,
kaikki pitävä alta katoaa.
Sydän tuskan sisäänsä patoaa,
hullu huuto huomisen,
on tuskanhuuto luomisen.
Vanha sf-filmi perhe Suomisen.
Kautta kunnian, ja omantunnon,
tarkistan sen lujan kunnon.

Avaruuden kaiku vastaa,
huuto tuuleen ainoastaan.
Äitimaan on syli avoin,
sen koen miljoonin tavoin.
Olemassaolon tarkoitus,
onko ikävän nyt karkotus?
Niskavuoren Heta nyt,
on marttyyriksi syntynyt.
Uusi aika atomien,
sinne virtuaalinen on huominen.
Aikamatkaan alle taivaan,
nousen virtuaaliseen ilmalaivaan.
Tatuointi sielunhintaan,
kuuluu siruun nahkan alle ihonpintaan.
Fysiikkaa, sekä kemiaa, täynnä hypotermiaa.
Vilttiä nyt päälle lisään,
kunnes uneen pääsen sisään.
Kädet ristiin rinnan alle ylös huuto Jumalalle.
Yksinäistenluomakunta näkee samaa painajaisunta.

10

Käki

En todellakaan tunne minkäänlaista
ylpeyttä elämästäni.
Ajan ruosteisiin rattaisiin
joskus kiinni jäin.
Väliin tässä elämässä jonnekin putosin.
Kirjailijan mustesulat lapaluihini
kiinni sain.
Kirjoittajan kiivas kieli,
ailahteleva, tuuli mieli.
Taistelua tuulimyllyjä vastaan,
alamäki, ylämäki,
kaupungilla eilen ajoi pyörällänsä
mies huusi kokoajan KÄKI, KÄKI.
Sitten saapui ylämäki.

Hullunlailla polki matkaa,
iloiseksi ihmiset huudollansa sai,
silloin oli perjantai.

Olen yksinäinen susi

Olen yksinäinen susi,
lauman tarvitsen.
Lauantai iltaisin karaokeen menen,
ulvon öisin kuutamoon.
Mieheni minun päälleni
heitti joskus bensiinin,
liekin perään tietenkin.

Olen kallio joka kukkii,
sammalta päällensä kasvattaa.
Niin kivi päällensä
jotain pehmeää ylle saa.
Jalkojeni alla huutaa maa,
asfaltti se ohi kiitää,
mutkat voin joskus suoristaa.

Lupa olla surullinen,
Jokelassa kuka viritti
pianon epävireisen?
Nousevan auringon talo,
eilen lauloin sen.
Niin kuin monen muun
vanhan kappaleen.

Veli siskoaan vastaan
kätensä nostaa,
ilkeyttään harhaan johtaa.
Siksi olen mä surullinen,
hihaani kuivaan valuvan kyyneleen.

12

Piilotettu rakkaus

Rakkaus, piilotettiin seitsemän sinetin alle,
lyijyarkkuun luolaan ydinjätteiden sisälle.
Suljettu arkku säteilee yhä,
olkoonkin arki taikka pyhä.
Unohtaa yritän kaiken sen,
piilotetun rakkauden siemenen.

Vieläkin sinua rakastan,
toki sen visusti piilotan.
Seitsemän sinettiä kiinni on,
suljettu lyijyarkku murtumaton.

Tyhjää tuulenhuminaa

Hän oli minun lapsuuteni sankari.
Silloin oli aika nousevan nuoruuden.
Sisältäni vieläkin sama ihminen,
joka on yksinäinen, salaa maailmaa rakastaa.
Pääni on täynnä tyhjää tuulenhuminaa.
Kaikki ovet ovat maailmalle auki.
Rakkaudesta rikos suunniteltiin,
minut elinkautiseen tuomittiin.
Olen ruhjeilla tuhansien kolhujen jäljiltä,
edessäni sortuva maailma makaa.
Sinut minun unissani määrättiin kulkemaan,
ovi paratiisiin edessäni sulkemaan.

Olen liian turta, en enää välitä
mitenkä muuttuma maailma minulta pois karkaa.
Niin kauas isoisäni tie joskus toi
Sisiliasta, kylmään pohjolaan.
Kohta taas talvi edessäni on, minä
jalkani maahan lujasti poljen,
siihen talven sohjoonkin pehmeään.
Suomi sisälläni nyt on, se on
palelevien sielujen kotimaa.

Yön varjot

Yön varjon peittää maan,
jos henki on vahva
niin pimeys riittää maailman luomiseen.
Niin äitimaa, luo Suomi-ihmisen.
Nainen kohdussaan lasta kantaa saa
kuukautta yhdeksän.
Sen rakkauden minkä vain
äiti voi antaa lapsilleen,
sen kirjoitan uuden elämän luomiseen.
Minä hymyilen,
katson tulevaisuuteen.

Lännen taivas voi verta punoittaa,
pelko sielussani sijaa rakentaa.
Kotimaani Suomi on,
aika Kekkosen oli ehkä lohduton.
Nyt on tullut aika Niinistön,
tämä aika on Suomellemme,
kuin nainen kohduton.
Lentäköön sonta, meitä on työtöntä liian monta.
Yönvarjoissa kulkee pimeyden kansa,
porukkaa niin onnetonta. Käyn yön rampojen tanssiin,
vaihdan sen sitten pasianssiin

Maistoin vain pisaran

Taas tunnen sen Jasmiinintuoksun,
rakkaudenleikkeihin kutsuvan.
Maljaani en vielä ole pohjaan asti
maistanut, pelkän rakkauden tuoksun vain haistanut.

Vieläkö tällä yksinäisellä maailmantiellä,
minä löydän sen sydämeni puuttuvan palasen?
Ei sitä monet siedä, kun yksinäisyyteeni
haluan vajota taas. Sen ylpeydenleiman
vain otsaani saan. Maljani kuka kanssani
sen nostaa, hän sydämeni liekkiin saa taas uudestaan.

Vuodet ne kiivaasti ohitseni karkaavat.
En yhtä pientä hetkeäkään voi siltä
salaa varastaa. Janoa elämän, sitä
vielä hetken täällä kantaa saan.
Huulilleni taas nostin sen maljan polttavanrakkauden.
Maistoin vain pisaran, en ole katkera lain.
Minä täällä yhä kuljen etsien,
vieläkö löydän sen pään langanpunaisen?

Asfaltti on armoton

Asfaltti on armoton,
jos kaadut missä sinut polvesi on.
Polvet ruvella,
saan kontata tätä maan kuorta.
Voi tuota lasta nuorta,
hän horjuu askelissaan,
paljon laastaria tarvitaan.
Äiti korjaa polvet nämä,
sanovat kasvot lapsen tuskan jähmettämät.
Silmät kyyneleitä täynnä,
sitä on tämä koko elämä.

Niin vain kävi, asfaltti ei ole ystäväni.
Joskus kesäisin, silti tuuli tarttuu
moottoripyörän renkaisin,
varaa kohti pyörä käy.
Määränpäätä matkalla ei näy.

Minä rakastuin mieheen,
joka on liian ujo.
Kasvoiltaan hän on komea, sekä rujo.
Oi mä tahtoisin tästä asfalttiviidakosta pois,
voi jos minulla siivet selässäni ois.

Nyt olen nainen epäkunnossa,
laastaria täynnä itsetunnossa.
Niin se tapahtui, lempi iski,
kuin asfaltti, se sieluni ruvelle pisti.
Miksi rakastuin niin ujoon mieheen,

ajoin moottoripyöräni puoleen tiehen.
Elämä on muutakin kuin moottoripyöräajot
Norjaan heinäkuussa.
Laastari ei auta murtumiin umpiluussa.

Täältä tulee, vapaus sekä avoin tie,
se vapaana kesätietä vie.
Ei päivistämme monetkaan historiaan jää.
Minä rakastan sinua,
koko sielustani, kuka sen tunteen sinne laittoi.
Ken laastaroidunasfalttiruusun
maantienvarresta poimi, ja taittoi

.

Kirjoittava nainen nousi yöllä,
leivän työllä,
sananvalta hallussaan.
Kirjoitteli juttujaan,
outoja, sekä tuttujaan.
Nurin käänsi nuttujaan,
sitten ehkä aamuyöstä,
kävi uudestaan nukkumaan.

Koditon

Minä olen, suuri tai
minä olen pieni.
Tunnen silti aina oudon tieni.
Olen täällä eksyksissä,
koditon kai killikissa.

Maailmalla vallan alla
olen täällä taivasalla.
Tietä kotiin etsin täällä,
petollisellakin syksysäällä.

Ota minut kodin lämpöön,
kuivaa helli pientä,
anna mulle tilkka lientä.

Anna armon käydä,
oikeuden voittaa väylä.
Onnen polkuun tieni käydä,
ota minut, anna koti,
jossa lämmin olo mulla.
Turvapaikka, kuin kaivatulla.

Vakavassa tuulessa

Vakavassa tuulessa, ei minun siipeni kanna,
kun puuska ilmalennon siipiini tarttuu.
Minä olen horjunut,
onnun enemmän kuin koskaan ennen.
Ei joskus mun siipeni kanna,
kuljen rakkautta etsien ikävöiden,
lämpösi minulle anna.

Hiljaisuus, se suuri tilaisuus
koota ajatuksensa, nippusiteillä
laittaa ne yhdeksi kauniiksi paketiksi.

Minä pelkään yksinäisyyttä,
en pelkää syvää vettä.
Olet astrologiassa vaaka,
tasapainoa vaillako,
pysy ihan liikkumatta.
Tasapainossa silloin, kun tyyni
on ilma, silloin et ole mikään
kuvitelma.

Pilvilampaat, pumpulia ajatuksia,
kuvitelmia. Niin minä sinut hahmotan,
kuin taivaalla pilvihattaran.
Tuuli puhaltaa, hetki olet poissa
muistojeni sopukoissa.

Harley Ladyn runo

Eihän kukaan voi rakastaa
näin vanhaa naista,
vanhaa sekä itsepäistä.
Joka elää näistä,
runoista ruusuntuoksuisista.
Lasten jaloista,
harakanvarpaista
kesän jälkeen.
Jäljellä oleva elämä,
kaivaa nenästä verta.
Seilaan runojen maailman
seitsemää merta.

Tulin maailmaan jalkaisin,
silti jalkaani joskus kengät sain.
Tästä maailmasta kerran kuitenkin lähden,

sammuttua viimeisen sieluni tähden.
Lähden saappaat jalassa ehkä,
kenkiä pois ette ottaa saa.
Ne arkkuuni mukaan pankaa,
suoristakaa sen verran
selkärankaa, että
arkkuun ne sopimaa saa.
Ette myös saa unohtaa,
kypärää, sekä nahkatakkiakaan.

Voin olla diiva

Voin olla diiva,
voin olla nainen ihanainen.
Voin valloittaa korkeimmankin vuoren,
piiloutua alle paksun kaarnakuoren.

Kirjoitan kiivaaseen tahtiin,
uskon runojen mahtiin.
Aamunkirkkauteen taas
matkaan, yli avaruuden.
Maailman seitsemän
ihmeen läpi, untani elämästä
näen.

Näen unta näkijän,
joskus laulun sävellän.
Poissa on hän, joka kantoi sielullansa
mua läpi pimeän elämän.

Tänään ymmärrän enemmän,
nahkat sormenpäistäni, irti kirjoitan.
Tämä päivä niin, saa minut tainnoksiin,
kun elämäni liitän
kiinni arjenmainoksiin.

Tie kirjailijan niin kivinen on,
niin leveä ja tutkimaton.
Yhtä suurta sävelmää,
mun sydämeni rummuttaa.

22

Minä

Minä alhaisin maan matonen,
kuljen sielussani ryömien.
Maailmalle näytän ylvään
ryhdin puolen.
Yksinäni, piilossani
haavojani vain nuolen.
Olen heikkoudessani,
voimakkaimmista voimakkain.

Sillä minä en suostu murtumaan,
minä taivun, niin kuin
taipuisa nuorikoivu
painon alla maata kohti.
Hetki vain,
kun paine hellittää,
latvani ylöspäin
korkeuteen kohoaa.

Isänsä kodissa

Isänsä kodissa tyttö
käveli lattiaa kapeaa,
hän tiesi mikä on tuskaa,
mikä on onnea.

Lapsuuskotinsa oli vankila,
paksuin raskain kalterein.
Sinne minut vuosiksi suljettiin.
Sielut kahleissa
me lapset siellä kuljettiin.

Aurinko

Aurinko suuteli suoraan suulle,
jokaista soluani värisytti.

Valollaan minut herätti
hetkeksi henkiin,
hyppäsin villinä elämäntanssikenkiin.
Villinä annoin virran viedä,
sen tanssin hurmaa ei kukaan
muu tiedä.

Pyöritti helmojani kevääntuuli,
villisti pyöri kellohelma,
tanssini huuma,
ei ole kuvitelma.

Mä olen eilen tänään nyt

Mä olen eilen tänään nyt,
myrsky vesilasiin syntynyt.
Olet keidas erämaassa rakkauden,
minä suunnan menetin,
sun syliisi löydä tiedä.

Olen alhaalta ylös noussut,
madellut kuin maan matoinen.
Pohjalta ponnistanut,
kohti päivää parempaa.
Rakkaus joka minut rakensi,
on virhekoodi viimeinen.
Ohjelmointi pettää,
kaikki virheisiin katoaa.

Puhtaana syliin

Puhtaana syliini, kun sinut saan,
niin sua koskettelen.
Niin kuin taivaasta käsin,
mua rakasteltaisiin.
Minun on rinnat pehmeät,
kun minua kosketat,
niin värisen.

Kiihko, sekä voihkinta,
on syy rakasteluun.
Sinä kuiskailet, kiihko
siivet selkäämme kasvattaa.
Pois alta, taivas sekä
maa, kiihkonharjalla
Afroditen lapset ratsastaa.

Kallio kankesi voimasta halkeaa,
graniitti hikeä vuodattaa.
Yötuuli lakanoilla hikemme
ei haittaa tee.
Rakkaus muuttuu aktiksi,
niin graniitti hikoilee,
ja sylini, kallio kahtia rakoilee.

Mies

Sinä olet mies ilman
käyttöohjetta.
Minä hapuilen pimeässä,
sillä olet arvoitus
ajan aalloilla karkuteillä.

Tuuli hajottaa,
viimeisenkin järjen häivän.
Kuin vuoksi, sekä luode.
Olen nousuvesi,
joka tahtoo virrata rannoillesi.
Kalliollesi tahdon nostaa
merestä simpukan helmineen.

Ikävä kaihonhunnun heittää
ylle auringon.
Aina läsnä, aina saavuttamaton,
tämän maailman onni on.

Nukun unta

Nukun unta levotonta,
kunnes uusi aamu sarastaa,
ja kastehelmin itkee aamunmaa.
Usva hiipii ylle viljapeltojen,
on yksinäinen alla peittojen.

Aamunpunaväri taivaan maalaa taas.
Yö hallakukkasin pois alta kiiruhtaa.
Yön menninkäinen poissa täältä on,
kun herää päivänsäde tytärauringon.

Olen käsien kosketusta vailla,
orpona yksin vierailla mailla.
Ihmislapsi immen lailla,
ilman rinnalla kulkijaa;
ilman saman portin aukaisijaa.
Lukossa sieluni kannel,
äänet tukehtuneet odottavat
ulos soittajaa.
Tarttuisitko käteeni,
kanssani tämä päivä jaa.

Niin miljoonin tavoin,
maailmasta kirjoitan.
Niin miljoonin riimein,
suomenkieltä rakastan.
Ja päivä hiipii alta pimeydenkattojen,
olen nainen tuhansien riimisanojen.

Pimeyden tango

Mua pimeyden tangoon yönkansa
kumartaa. Varjot ikkunoiden vain
seuraa tanssijaa.
On päivä jälleen mennyt,
ja korpit ilakoivat. Mun sydämeni
sammuu, kun tango tämä soi.

Luolistansa ulos, jo kansa outo käy.
Menninkäistä omaani ei
missään siellä näy.
Ja vaienneet on viulut,
päivänvalonkansanmaan,
silloin kun pimeys mua kumartaa
tangoon polttavaan.

Äitimaa nyt nukkuu,
yönkansa ilakoi.

Taivaankaarenvalot vain
heikon kajon loi.
Nyt pimeydessä kaikuu
hymni peikkojen,
se jalat alta kampittaa
kauniiden päivänsäteiden.

Liskojen yö

Ritari niin tumma haarniskassa ratsastaa.
On neidon sielu tyhjä, hän odottaa
prinssiä saapuvaa.
Lohikäärmeet yön,
omistaa judonmustanvyön.
Näin taistelussa kaatuu ritari.
Yö on sysimusta, kun soi
jossain haikeasti yksinäinen sitari.

On neito yksinäinen, vallantahdoton,
sydämessään on kuva tumman uljaan miehen.
Hän on vallanmahdoton.

Kanerva on kuivaa, vaikka nummella on yö.
Maailmassa yksinäisten alkaa luomistyö.

Lohikäärme nauraa,
se harvoin hampain hekottaa.
Yössä tuoksuu rikki,
kun liekit naurunsa tahtiin,
syttyy, sammuu, katoaa.
Yö on musta; kylmä, liskot sitä rakastaa.

Neidon yksinäisen,
sydän yössä epätahtiin sykkii.
Miestänsä ei voi hän unohtaa.

Näkemiin yö

Näkemiin yö,
sydämeni yksinäisyyttään villinä lyö.
Ihmisyys sisälläni on kuohua,
se on skumppaa makeaa.
Yön varjot, yhtyy tanssiin pimeyden.
Aamua kohti valvoa saan,
niin on kylmä,
vilu viltin alle ankarana käy.

Jo saapuu aamuyö,
ei pimeyden kansaa nurkissani
enää näy.
Siis hyvästi yö,
sydämeni villinä taas lyö.
Pian taas aamu sarastaa,
ja kastehelmin kyyneleitään
äitimaa saa vuodattaa.

On likaisia lapset sen,
kun luotoa saastuttaa ihminen.
Kuin alienit luolistaan,
käy joukko kylmä tunteeton.
Nyt on kiire ryöstää,
maailmaa raiskataan.
Rikkaus, ja raha vaan
kasvattaa omaa statustaan.

Ajatus

Ajatus,
unelmien piiskanisku,
vaatteidenkahina.
Riisuttunaamio,
paljasiho
irrallaan ajasta.
Kaipuuni syliin sukellan.
Toivon helmeni löydettävän.

Turhan riisuminen
ajatuksen lento,
olen kuin perhonen
kaunis, ja hento.
Vailla kukkaa, ja mettä,
virvoittavaa vettä.
Paikkaa hetkisen
viivähtää,
rinnalleni ystävää
kiihkosta värisevää.

Unelmia

Oli unessani prinssi,
tumma komea niin.
Aamulla, kun heräsin
oli puhelimessani
unelmien jälki,
tie taivaisiin.

Perhoset tanssivat
masurkkaa sateessa,
ne vallanneet vatsani on.
Olen niin kuin vapaa lintu häkissäni,
kahleitteni sisällä lennän, olen
niin levoton.

Äiti maa, rinnoillasi ratsastaa
yönnymfit pelokkaat,
ne merihevosin niin kauniin
korskein merenaaltoihin
aamun tullen sukeltaa.

Sielussani asuu Afroditen poika,
hän öisin ukkospilveen lyö
salamoita. Nyt tumma taivaanranta
on, aamu kovin arvaamaton.
Minä siivet kasvatan,
ne ilmaa alleen saa,
tänään on se päivä,
kun salamat villinä lyödä saa.
Tänään ukkostaa.

33

Olen puolikuiva kämmekkä

Olen puolikuiva kämmekkä,
suonkosteutta huutava.
Tule ja kastele minut
virvoittavalla vedellä,
niin saat kulkea minun edellä.
Juuri tällaisena kesänä
valvoin myöhään.
Nyt on jo aamu,
pian vaihtuu heinäkuuksi.
Ei kukaan koskaan ole niin kuin sinä,
ei kukaan koskaan voi olla niin kuin minä.

Kesäkuun viimeinen keskiviikko,
muistan tämän sadekesän.
Kuin kylmän yksinäisenlinnunpesän.
Valo aamun saapui,
yön hämärän valta jo kaatui.
Kauniimman päivän teille
ojennan, hopealautasella
hohtavan.

Pilviverhot aukaisevan,
nämä yksinäiset kesäaamut,
ne vielä muistan lämpimästi
silloin, kun pimeys lyö
ruutuikkunaani talvi-illoin.

Filosofiaa

Filosofi maailmaansa halki
poikki pisti.
Väitteli, kiisteli perustelua
vaati.
Siitä syttyi aivoriihi,
puheraati

Joku suuttui,
aivot juuttuivat,
ajatukset solmuun pisti.
Jos ei muuta keksinyt,
niin naiset syyttivät;
olet sovinisti.

Vielä kerran väitellään,
onko avaruudessamme
meidän suurin Jumalamme.

Hatunnoston arvoista,
on päätänsä vaivata,
haroa päälakea,
ottaa kiinni karvoista.

Onko rakkaus kemiaa,
vai harhaa tosi suurta,
tässä tätä logiikkaa;
pientä jutunjuurta.

35

Hengellään sai ilmaan laivan,
päälle ajatusten taivaan.
Minä vielä päätä vaivaan,
menen mustaan aukkoon
sisään.
Siellä voimaa pyydän lisää,
onko siellä toinen maa,
ja meri.
Toinen filosofoivatoveri ?

Oh world

Oh world,
how you dissapointed me
didn´t find my way
to the nites, - nites of satin.
I was only wrapped in rough linen.

Once I was young,
like Aino, the Karelian beauty,
just like a woman from Kalevala
and the world was laying on my feet...
It was before something
that I now, in my memories call
the endless witch-hunt.

And I wanted to be
romantic and happy, then,
just for a while.

Now, wrapped in rough linen
I roughen myself,
and with my hallucinated mind
leave my inner softness
open to visions, poems.

My days are filled
with the variousity of loneliness

all of it, all of its kind.

And at the very moment
feeling so sad, so lonely
I stamp on my former dreams
with my own two feet

Those feet; once so strong
those Two, dancing,
through that Year
that once was
even my stumbling voice then,
turned to the echo of the voice of siren,
and like a mermaid, made of salty silky water,
I just danced through those endless nights
of that Year, that joy, that melody

And now, how can it be
that I wrap myself in rough linen
with the memories
How can it be

Those nites of satin all so far,
never coming back
never again
to me.

© satu tanninen
TRANSLATION Leena Kulmala

Optimistijolla

Optimistijolla,
siinä on optimistin hyvä olla.
Soudellakin voi kuutamolla,
laineilla lipuvilla
antaa virran viedä.
Sitä viimeistä satamaa
ei koskaan kukaan
etukäteen tiedä.

Realisti, aidosti,
puhaltaa elämän
kirkkaana soivaan huiluun.
Varovasti, kallis lasti
sielussansa kuljettaa.
Täysin palkein,
runon alkein,
jatkan matkaa
maallistani.

Vaanin varoin,
katsein aroin
rakkautta metsästän.
Antaa virran viedä,
eihän koskaan sitä tiedä
mitä sieltä tulee vastaan.
Elämä sua joskus ehkä
vihaan. Tänään rakastan
sua ainoastaan.

Juhannusta kohti

En tahtoisi olla vain
nimetön saari sinun kartallasi.
En muista enää miltä
tuntuu juopua kesäyönä
halvasta punaviinistä
ruohikolla.
Kuumana kesäyönä
haluaisin elää
täyttä elämää.

Ennen Juhannusta
juosta alasti heinikossa,
keräämässä seitsemän
erilaista kukkaa.
Haluaisin suudella
kanssasi,
puristaa kiihkosta
sormen välit
täyteen nurmennukkaa.

Hiekkalinna

Mä hiekkalinnan rakennan,
ei se meille majaa tee.
Tämän päivän elämän,
voin vaihtaa
epävarmaan huomiseen.
Olen aatoksissa,
kuin nukkuvainen
villikissa.

Se tiikeri kai piiloutui,
savannin varjoihin.
Olisit minulle se leijona,
niin kiihkosta tarttuisin
sinun hiuskarvoihin.

Petoni piilossaan,
raapii, kuolaa kiihkosta,
teroittaa kynsiään.

Sut raatelisin
pahoin, jos sinut
kiinni saisin.
Me rakasteltaisiin
usein, ei ainoastaan
lauantaisin.
Et minusta sä
selviäisi kunnialla,
et ehjin nahoin.

Tahtoisin olla

Tahtoisin olla kevyt kuin sudenkorento,
laulussasi soi aina sama poljento.
Sanojenmetsästäjä safarille käy,
ei missään keinuvaa riimiä
vapaana laukkaavaa näy.
Turhien sanojen, lauseiden vuoro,
niihin tarttuu koko laulukuoro.
Sanoitan, sävellän pienen laulun
kuin kuolevainen.

Siinä on mies, ja kaunisnainen,
siitä tulee sävelmä rakastavainen.
Urputan pienen vaivaisen hetken,
sitten aloitan metsästysretken.
Lassoan lauseita aivan omia,
lauluani varten ikiomia.
Tänään on päivä sanojen juosta,
kadonneiden riimien nousta suosta.
Nainen on aina nainen, harvoin vain aulis,
sekä antautuvainen.
Useammin nalkuttava, sekä katuva.
Mies on luotu mieliksi naisen,
haluaisin sellaisen antautuvaisen.
Miehekkään miehen, kulkisin kanssaan puolitiehen
Sinne missä rakkaus on versova, kuin villiviini,
itää kuivinkin karu maa.
Antaisin rakkauden virrata villinä nivuksiini,
kuuntelisin nöyränä, kun nauruun puhkeaa äitimaa.

42

Tahtoisin jo luovuttaa

Tahtoisin jo luovuttaa,
silti veden pinnalle mä nostan pään.
Noiden vanhojen muistojen alle
hetkeksi vangiksi jään.
Muistojen meri hetken myrskyää,
en toiselle rannalle
sen tyrskyjen läpi pieneen hetkeen nään.
Tunnen vain suurta kaipuuta, ja uuvuttavaa ikävää.

Elettyä elämää, runoni riimit
värittävät. Lauluuni liitän kaipuun
sävelen, kun muistojeni polkua
vuosikymmenien taakse kävelen.
Tänään olen muistoistani vapaa,
kuin taivaan lintu olla voi.
Ajatukseni vapaana lentää saa,
taivaanrannan taa tahtoisin hetken kurkistaa.
Elämä on vapaata tuskaa,
jota tuuli villinä rakkautena
ylhäällä pilvissä kuljettaa.

Aamu harsollaan jo peittää
heräävän maailman.
Yhä tänään rakkaudesta laulua
kirjoitan. Soi siinä sävel elämän,
ja äänet murhenäytelmän.
Jo aamuun uuteen askeleeni käy,
päivänkirkkauteen pilviverhon
takaa ei hetkeen ehkä kirkkautta näy.

Pystyyn kuolleiden sukupolvi

Pystyyn kuolleiden sukupolvi,
elävältä haudattujen kalmisto.
Taistelen viimeiseen asti,
että ei minusta kukaan voisi
sanoa: "Hän lähti ennen
aikojaan, luovutti kesken
elämän. Vihannekseksi
muuttui, käveleväksi
kummitukseksi".

Patajätkä

Kerran kesässä elämä
käsistä ulos räjähtää.
Polttaa rakkaus polttaa,
kesäilma polttaa,
yönkuumuus
hetken voi pään sekoittaa.

Taas en huomaa vuosieni
juoksua, kesäyö
sotkee ajatukseni.
Sydämeeni astuu
kaunis patajätkä,
korttipakkani täysin
sekoittaa.
Sielustani hän pokeripeliänsä
pelaa, voitolle en ehkä
tässä elämässä jää.

Tunnen suurta ikävää,
minua ehkä pelottaa.
On sanani hukassa,
sydämeeni suljen säkeet nää.
Nousen kohti päivää heräävää.

Kapteeni

Oli kapteeni sidottu tuoliin,
niin vuosia istumaan pystyi.
Kitui vuosia niin,
ennen kuin kuoli.
En kenellekään
moista kohtaloa toivo,
en siltikään
vaikka oli hän mies raaka,
armoton kovasydäminen.

Niin kovien myrskyjen
mukana pienenä
lapsenaan pyörin.
Kävin vuosien sissikoulutuksen.
Hänen ankarista nyrkeistään,
sekä vyönsoljesta
selkääni usein sain.
Sängyn alta turvapaikkaa
monesti hain.

46

Mykkähuuto

Kieli tarttui kii,
en saa sanotuksi sitä niin,
mitä haluaisin,
huutaa ulos eetteriin.

Pinnistelen, ponnistelen,
mykkään huutoon,
sanani ei ulos tuu.
Kuinka tämä maailma
jo niitä pelokkaana kutsuu.
Ujous voittaa,
sanotuksi en saa
mitä minun sieluni
ulos huutaa haluaa.

Olen pilvilinnojen rakentaja,
tyhjän tilan pakertaja.
Sokaistunut sinusta olen,
sitä en kerrotuksi saa.
Sielu kuiskaa, tahtoo
ulos pyytää,
tahtoo niin ja noin.
Se menee niin,
jää kieli kitalakeen
kiinni,
en sanotuksi saa.

47

Paronittaressa

Puolikkaita ihmisiä,
etsimässä toisiansa
tänään täällä.
Elokuun alkuun
sytytän elämän liekin,
minne mun kulkuni viekin.

Poistan tuskan,
sisältäni sen mustan.
Paronittaressa istuin
komeaa miestä tuijottamassa.
Perhoset valtasivat
vatsani kokonaan,
olen aivan tärähtänyt,
sekä hervoton.

Liekki syttyi yönkulkijassa,
komeaa miestä tuijottamassa.

Pokeripeli

Olen kahleissa rakkauden tähden,
laulan, tanssin, hymyillen
vain sinun nähden.
Yksinäni vuodatan joskus
salaa pienen kyyneleen.
Pata-akka taskussani,
minä ja mun pää
patajätkää ymmärtää.
Elämäni pokeria on,
jokeria etsin,
pelistä kohtalon.

Mulla on vaikea villi kiihko
sisälläni, povellani kierokyy.
Valheelliseen paratiisiin
pääsylippuja myy.

Elämäkö pokeripeliä on,
olenko pataässä,
tässä elämässä ?

Kuljen kunnon kuhilaana

Kuljen kunnon kuhilaana,
kohta paistaa tähkäpäiden
päällä täysikuu.
Hymykuopan pistä peliin,
luotan kunnon heinäkeliin.
Ollaan niin kuin Ansa, sekä
Tauno,
kesäyössä villikansa
vähentelee vain vaatteitansa.

Unelmissani näen hymysi
hiljaisen, kiihkosta silloin
unessani kiljaisen.
Annan vinkin esileikistä,
keimailen ja keikistelen.
Olet minun rantaleijona,
töitten jälkeen vaikka
usein olet Veijona.

Kantakapakan komein
patakuningas,
tahtoisin olla korttipakan
patarouva mallikas.

En ole irstas koskaan
ollut, enkä täysin mahdoton.
En ole koskaan pannut ulkosalla pakkasella,
enkä rannalla paisteessa auringon

Filosofiaa

Se basisti nyt on sellainen,
soittaa aina väliin jonkun
riitasävelen.
Epävireessä on muutenkin
elämä ihmisen.
Totuus ei usein pääse
etusivulle uutisiin.
Annetaan ihmisten kuvitella,
keksiä oma totuutensa
filosofiasta.
Annetaan halkaista hiuksia,
hetkisen tappaa aikaa
pitkävetistä; huvitella.

Ollaan opetuslapsia elämän,
sinä sekä minä.
Ei sen väliä, mitä puhuttiin,
kunhan ihminen huomattiin,
meidän yhteiseen piiriin otettiin.

Kerran elämässä

Kerran elämässä,
oli taskussani pataässä,
nyt aika toi reiät taskuihin.
Lapsena minäkin osasin
olla näkymätön,
sängyn alla väkivaltaa
paossa piileksin.

Minäkin maailmalle
ulos lensin kuusitoista
vuotta olin tyttönen.
Oman polkuni maailmassa
raivasin,
omaa alistettua
polkuani tallasin.
Se oli silloin, kun oli
kai uusinnan aika Dallasin.

Kasvoin, ja kasvoin,
palovammarasvoin,
elämä kantapäilläni
polttaa sillat saivat.
Loin nahkani niin kuin kyy,
se oli palovammojen suurin syy.

Rakkauden trilogia 1

Valehtele minulle kauniisti,
ole rakkauden antaja.
Ota syyliisi, aallonharjalle
meidät vie.
Näytä meille yhteinen
kiihkon, sekä himon tie.
Se kestää niin kauan saa,
kunnes on aika aamutähden
ylös nousta. Auringon
poutatuulella ratsastaa.

Amorin virittää rakkauden
jäykkää jousta.
On hetkiä, kun kaikki
valuu alas yhteisiä reisiämme,
lusikkaan, kun yhdessä
painutaan.
Vie minut nirvanaan,
vie aikaportista läpi,
ole minulle se paratiisin
Aatami, tahdon olla Eevasi.

Rakkauden trilogia 2

Rakastan vain sinua liikaa,
toiset miehet ei minuun
vaikutusta tee.
Tule ja rakastele kansani,
ole minulle se kuumapantteri.

Kuolaan perääsi, tule ja
rakastele mua. Tahdon
vartaloosi kuin mustekala
kiihkosta tarrautua.
Enkä murehdi suotta,
sillä kaikki mitä sinusta
irti saan. Se kiihkoani
vain suuremmaksi kasvattaa.
Tahdon maistaa sinua sen
verran, että enemmän sua janoan.

Olet minulle aurinko taivaallani,
yöntähti Otavan sakarassa,
sinua kiihkosta kuolaavana
katsoa täällä maanpäällä
katsoa saan.
Sinä juotit minulle lemmenmaljan
katkeran, en janoani sammumaan
saa. Olen rakkautesi orja,
saat minut häpeästä kierien
maassa nöyränä ryömimään.

Rakkauden trilogia 3

Sulla on kristallinväriset
silmät, vähän pistävät,
vihainen katse niissä asustaa.

Minä olen vanhentunut paljon,
mutta olen vieläkin
se sama kanelityttö,
silloin kun säteet auringon
hiuksilleni laskeutuu.

Teit joskus minusta laulun,
sitä joskus yhdessä kuunneltiin.
Vielä vartaloni liikkuu tahtiin
musiikin, sylissäsi mielelläni
yhä keinuisin.
Syli kesäisen kaupungin,
sykkii kuumana niin.
Tahtoisin ottaa jaloillani
saksiotteen sinun kuumiin
nivusiin.
Tänä yönä tahtoisin
rakkauden kanssasi
taivaalle räjäyttää.

Sä olet viileä, sä murjotat mies,
silti olet komea,
ja maailmani sokaiset.
Maailman suurin mysteeri,
olisi hukkua sun silmiisi.

Minut noidut, sun
tuoksusi on myskiä,
uroksen kutsuhuuto
rakkauteen.
Yhdellä katseellasi.
sä voit siirtää sydämeni
syliisi sykkimään.

Tiedän miltä tuntuu se,
kun voisin vaihtaa
sieluni yhteen suudelmaan.

Vinttini

Vinttini kauan on ollut pimeänä.
Rakkaus kaikki sielun lamppuni sammutti.
Pimeässä täällä yhä vaellan,
yksinäisen majakanvalon ehkä joskus
tavoitan.

Hengitystä yön kuuntelen,
sekin yksinäinen olla voi.
Yönvarjot musiikiksi muuttua osaa,
varjot bluesia elämän vaikeroi.

Monta yksinäistä kulkijaa,
täällä aamuun taivaltaa.
Omaa yksinäistä taivaltaan,
untani vartioi äitimaa.

Minä peiton päälleni
vetäisen, muistan kylmän
eilisen. Se on tuskanhuuto
peilin sen, mikä särkyi
vaieten. Ei huomisen nyt
kuvaa näy, ja aika kulkee
kulkuaan. Me tiimalasin
hiekat käännetään,
yhä uudestaan ja uudestaan.

Nainen

Nainen kuin kypsä
viiniköynnös,
sadon painosta
taipuvat oksat sen.
On oksillaan
lapset maailman,
sekä avaruuden.

Tuketta hänen
silmissään,
auringonkehräystä hiuksillaan.

Äitimaan tytär
nöyrä on,
kumaraan joskus
taivutetaan.
Suudellaan multaa
varpaissaan.

On aika häähunnun,
kukkivaan maan.
On aika lapsien
hiekkaa varpaissaan.
On aika luopua kohdustaan,
muuttua hauraaksi,
katketa rungon sen,
mi viiniköynnöstä
tukee vaieten.

58

Mä toivon rakkautta

Mä toivon rakkautta
maailmaan,
jokaiselle sopivasti.
En tahdo vapautta
rakastaa,
tahdon kanssasi
tuulenharjalla
ratsastaa.

Pyörin ympyrää
nimesi ympärillä.
Olen tunnettu tuuliviiri,
sinä tartuit vain
pysyvästi rattaisiini.
Olen käsissäsi kuin villiviini,
puhallat laavaa,
minun nivuksiini.

Olen hehkuvaa laavaa

Olen hehkuvaa laavaa,
sulle yöllä ehdottelin
vihkikaavaa.
Parilliseen suhteeseen
kanssasi aina tahtoisin.
Kiellän usein rakkauteni,
en sitä sisälläni saa
millään sammumaan.

Niin aamu taas
siirtyi uudelle
radalleen.
Silloinkin, jos olisin
märkä heinikko,
syttyisin sinusta
palamaan

Vaahteran

Vaahteran lehtiin pukeudun,
kannan niitä ylpeänä ihollain.
Olen paratiisissani Eeva tiedonpuusta syödä sain,
palan haukkasin liian ison leuoillani.

Filosofiaa kannan sielussain.
Lopun yö, karkaan pois unestain.
Saarnaajineen, sukellan tähän päivään,
sekä huomiseen.

Loputon tie, maailman hautaholveissa
me yhdessä kierretään.
Aika menneet päivät aina ,
väreillään kullanhohtoisiksi värittää.
Suomenmaan aamuaurinkoon,
saan joskus hetkiseksi sukeltaa.
Rauhanajan sankoin joukoin,
rauhamme, asein sekä sanoin
puolustamme.
Aivoton mies, ajattelee puolestamme,
vallasta aina täällä taistellaan.

En tahdo

En tahdo kuulua muumioiden
vuosikertaan,
joilla rautavanne päätä
kiristää.
Jotka raamatusta
kaikki loitsut
oppivat hokemaan.

On kiirastulen monet
meistä tänne itsellensä
luoneet.
On sydämessämme vain
pimennetyt Herranhuoneet,
ei niissä yhtään asujaa.
Tahdon elää,
nähdä totuuden,
en elää kaavaa,
mantraa selaten.

Onnekkaiden tähtien
alla on joukko muutaman,
joille tässä elämässä kaikki
onnenjyvät annetaan.
Sitten ollaan me loput,
jotka täällä toisiamme
särkyneillä sieluillamme
kannatellaan.

Ilta painuu unenlehtoon

Ilta painuu unenlehtoon,
sinut uniini kutsun kulkemaan,
että kanssasi unelmassani
elää saan.
Mua sädekehä pääni päällä
tänään kovin kiristää.
On rinnallani kivipaasi
suuren maailman tuskan
rakentama se on.

Nainen kuin avoin portti,
aina saranat levällään.
Taskussaan pata-akkakortti,
surusta suuresta muistuttaa.
Putoavat kyyneleet pilvien mustien,
ne ovat itkua
äitimaan tuskien.

Olen oman kiirastuleni nyt
maailmaani luonut,
ei se meille rauhaa anna,
kun liekit kantapäillä nuolee,
En pakoon pääse bensan
tuleen heittäjää.

Yönluodolla

Yönluodolla, sammui jo majakka.
Titanikkini upposi pohjaan,
pelastuslauttani turvassa.
Ujon miehen kosinta, viimeinen ponnistus
löytää joku rinnallensa kulkemaan.
Millä oikeudella vastaan ei, sillä totuudella,
toinen minun sydämeni vei.
En ole myytävissä maallisella mammonalla.

Näiden tähtien alla ikuisuus
valuu sormieni välitse,
karkaa äärettömyyteen.
Olet liian viisas naiseksi,
sanoo minulle mies,
kosintansa jälkeen.

Minua ahdistaa, sillä minä en voi olla
hänelle yöluotonsa majakka.
Aamutähti hänen otsallansa,
olen se seireeni karikoissa.
Laulullaan lumoava nymfi,
tanssimassa partateriensä päällä.
Jokelassa outo nainen ojentaa minulle patarouvan,
se on yhä taskussani.
Jatkan tätä päätöntä matkaa parittomana
heinäkuu niittää kypsää viljaa.
Nyt vaikenen, olen hiljaa.

64

Povellani

Povellani kyytä hetken kasvatin,
rinnoiltani se imi elämää.
Sielussani kuulin kuiskeet saatanan,
kyy korvaani kuiskasi, sua jumaloin,
sua aina rakastan.

Rakkauden maan,
juhlallisesti liputamme.
Emme suostu taistelutta
kuolemaan.
Rauhaamme asein miekoin
rinta rinnan yhdessä puolustetaan.

Minä laulan kanssa sisarien,
veljien. Se on tahto Luojan sen,
jonka sanan alla täällä taistellaan.
Ääni se on ase suuren joukon,
pois alta tahdon pahan loukon.

Olen kiirastulessa elämän,
luutani kohta vain tuulet
maailman ne nuolevat.
Jokainen meistä täällä pois
kuolee, emme tänne tule ikuisuudeksi
asumaan.

Naisen silmin

Aivoton mies,
joukkojen johdossa
riehui.
Maailmaa suurta
tuhottiin.
Juutalaiset polttouuniin
työnnettiin.
Veretön nainen,
roviolla poltettiin.
Hitlerin hirmuteot
on käsittämättömiä
minulle niin.
Ajatukset niistä
jää kiinni liisteriin.

Pahuutta pakenen,
saarnaajineen noidat
hokee saatananvihkikaavaa.

Olen kuivunutta laavaa,
ajanhampaisiin kiinni jään.
Nainen filosofilta kyselee,
tietoa uutta kuivin huulin janoaa.
Ei meillä ryhti riitä siihen,
että totuus tunnustetaan.
Islamin maissa nainen
piiloon hunnutetaan.
Suomen maassa tasa-arvosta
miesten kanssa taistellaan.

Alaston kaupunki

Alaston kaupunki hengittää,
huohottaa yön kuumuudessa.
Katulamppujen rivi
syttyy kesäöisin vasta aamuyöstä.

Nyt kuulen kuinka lokit
kirkuvat vapauttaan.
Harakat nauravat lemmestä.
Varikset varjoissa vaappuvat.
On kesä, heinäkuu heittää
aamuun kostean usvaisen peittonsa.

Yksinäiset heräävät hämmentämään
elämän puurojaan.
Minä runoilija,
sekoitan sanoista sopan.
Riimejä ripottelen mausteeksi.
On aika jakaa teetä, kahvia ja
sympatiaa.

Variksensaappaat

Variksensaappaat tanssivat
balettia, näillä
kivisillä kujilla.
Pelaan Venäläistä rulettia
mykällä puhelimella,
unettomuus pitää minut lujilla.
Näillä maailmanteillä
ryvettyneet siipisulat enkeleillä.

Enkä tiedä vastausta,
siihen miksi tykkään susta.
Miksi päiväni päättyvät kaipaukseen,
miksi pelastuslauttaa
etsin yhteiseen rakkauteen.

Narsistin narusta pois

Saarnaajien virta syöksyy
vastaan rappusilta.
Sua siunaan, nyt rukoilkaa
muuten kukkaan ei
puhkea maailman ainut omenapuu.
Eeva vetää Aatamin päälleen,
kyykäärme paratiisiin tunkeutuu.

Vaahteranlehdistä meille
vaatteet päällemme teen.

Emme suostu murtumaan,
nyt alle synnintaakan.
Aikaa siitä on kun
nainen olla naivi saa.
Kutsu käy, nousen varjoista
valoon.
Vallasta diktaattori kammetaan,
kirjoitan kaikki tuskani ulos.
Sanoja suomenkielen saan
kauhalla ammentaa.

Tähdet tosiaan palvovat,
tavalliset maan matoset,
ne ovat niille riistaa vaan.

Pääsin jaloilleni, pakenin narsistin narusta.
Et enää minua kuin pässiä narussa kuljettaa saa.

Munaton mies

Munaton mies,
alistaa naistaan.
Seksittömyydellä
kiristää,
ei tahdo hän
millään
naistansa piristää.

Naisia ympärileikataan,
alistettujen sielut
tuskaansa ylös
ilmaan huutaa.
Ääni olen alistettujen,
minutkin kerran
maahan poljettiin.

Ruukkuni ehjä
siruksi murskattiin,
liityin arkeologin
löydettäviin palasiin.

Kahleet katkaisin
alistajaan, sortajaan.
Nyt yksin olla saan,
elämä minua
yksinäisyydellä
kurittaa.

Komea mies

Komea mies tuli vastaan,
ohi kulki ainoastaan.
Sokaisi, häikäisi, kuinka komea hän on.
Aivan mahdoton,
silmänruokaa saan,
häntä voin vain tuijottaa.
Komea mies yhtenään,
peiliin tuijottaa,
hiuksiansa kohentaa.
Kulmakarvansa ohentaa.
Piiloutuu sitten lippalakin
lipan taa,
koska häntä ujostuttaa.

Vau, komea sä oot,
lennän yli atmosfäärin, hymystäsi ylen määrin.
Komea sä olet, sydämiä jaloissasi, särkyneitä.

Levoton on sydänääni, joka kalvaa sisintäni.
Kiduttaa se pompotus, sydämeni jyskytys.

Komea mies viimeinkin,
huomasi minut sittenkin,
vaihtui hänen sydänääni.
Sekoitti hän minun pääni,
sitten tuli toinen mies komeakin kukaties.
Mustat sukat jaloissaan
komea mies katosi maailmaan.

Katson sinua

Katson sinua tarvittavan kaukaa,
en halua olla tunkeileva.
Silmän ruokaa,
katsoa niin miestä,
kaunista, komeaa.

Eeva maistoi joskus omenaa,
se minun sielussani tunteen
tämän aikaan saa.
Lanteilleni kerään kaikki
helisevät kolikot,
sekä tiukukellot,
että en sinua vain loukatuksi
saa. Kuulet ne ja
pääset pakenemaan.

Minäkuva

Iltarusko nilkutti
pois yön alta.
Jo saapui uusi viesti
avaruuden ikkunalta,
sen lauloi taivaallinen
satakieli.
Se ylpeys, suuri peikko
luolastaan,
ei suostunut sen kauneutta
kuulemaan.
Sulki korvansa hän,
rakasti pimeyttä enemmän.
Menninkäisen lailla,
oli tuomittu pimeyttä
rakastamaan.

Minä keijukaisten sukuun
synnyin kai maailmaan.
Avasin sen ikkunan,
mistä kuuluu laulusatakielen.
Tunnistin sen maailman,
tartuin lujasti kiinni
siihen ovenpieleen.
Mikä käy sisälle taiteen,
huomisen, on alku
tuskan sekä kauniin luomisen.

Juice tarjoili minulle mehujaan,
sen taivaan poutapilven alta.

Missä on paikka levonmaan,
ja sananvalta lahjana Jumalalta,
tai saatanalta.
Minä olin Molla kuutamolla,
tai kanelityttö tehosekoittimessa,
ei tätä kirjoittamisen lahjaa
minulta voi riistää pois.
Se toimii, helteessä sekä pakkasessa.

Lohduton

Jäi kuvasi kiinni
minun sieluni ikkunaan.
Sitä tuijotan,
aina yhä uudestaan.
Asuu sielussani levottomuus,
on onnellisuus
pelkkä mahdottomuus.
Kirjoitan sinulle
runon,
aina yhä uudestaan,
ja uudestaan.

Aamu ei puhu minulle
mitään uutta asiaa.
Päivä ei lohtua suo,
rakkautta ei se luokseni
koskaan tuo.
Ilta ei kuiskaa mitään lohduttavaa,
odotan turhaan sanaa armahtavaa.

Hiljaisuus mykistää
minut, sulkee sanojeni arkun.
Lukitsee kannen kiinni,
luo sinetin sinisen
kiinnittää unelmiini.
Olen lohduton, keinun aalloilla ajan,
ylitän mykkyyden, sanattomuuden
tuskaisen rajan.

Sä olet tähti

En ole enempää blues,
en enempää down.
Ravistelua silti
tarvitsisin, hereillä
hetkisen olla tahtoisin.
Niin nukuksissa
tämä elämäni villikissa,
nukkuu savannilla yksinään.
Yöllä vain yksinäisen
tähdenlennon nään,
ikkunaani tuijottamaan
sitä pitkään jään.

Sä olet tähti mulle
elämäni taivaalla.
Minä huomaamaton
pölyhiukkanen,
olen sinun maailmassa.
Näkymätön,
huomaamaton,
se aina osani mun
täällä maailmassa on.

Näsäviisas

Nyt ei ole meriselityksen paikka.
Tiedän sen, että aina erehdyn,
ehkä vastaan, jos kysytään.
Muuten katoan,
mystiseen valoon.
Hallussani on sananvalta,
joskus putoan tosi
korkealta.
Tosinaan, on parasta
ryömiä riman alta.
Sanon nyt A, se on täysin
kamalaa,
se minun a voi joskus olla
öö, silloin olen aivan töttöröö.

Näsäviisas, naivi, nainen,
en ole ollenkaan avonainen,
suljen jotain sisälleni.
Piilottelen paljon pimeään,
ajattelen hänen nimeään.
Ilmoille en sitä sano,
vaikka kuinka iski jano.
Osaan olla hiiren hiljaa,
viilipytty viileänä.
Pinnan alla suuri palo,
lavaa täynnä koko onkalo.

Taas lennetään

Tämä päivä ontui radalleen,
minä nousin päivään yksinäiseen.
Viimeyönä oli tuska, sekä kipu
mulla täysin ylityönä.
Taistella sain kanssa sen,
tuskanviitan karkean,
tai pehmoisen.
Maanantai malttamattomana
hetkeen kiiruhti,
nousi aurinko taas maailmaan.
Sydämessäni esiripun nosti
vain tuo kaihonkaravaani.

En ole taikuri,
en osaa tehdä taikojakaan,
runoja vain rustailen.
Ennen aikojaan,
ne maailmalle lennähtää.
Käsistäni riimit tuuleen
karkaavat,
on silti minulla ehkä
lumottu ääni.

Hän patajätkä korttipakastaan,
taas on karkumatkallaan,
hän aina vain voi sekoittaa
minun pääni.
Tähän runooni taas
puran tätä ikävääni.

Purjehdin nyt elämässä

Missä toiset löytää kliseen,
minä löydän uuden riimin sen,
jonka kanssa hetken vikisen.
Sitten runooni sen lisäilen.

Purjehdin nyt elämässä
eksyksissä, on kirkas päivä,
taikka sumuinen.
Milloin kadotin valon sen,
majakkani viimeisen.
Minä hapuilen sun vieressäsi
ystävyyttäsi kerjään,
kun koira luutaan odottaen.
En tahdo sinua koskaan
elämästäni kadottaa.

Sinä viet usein minut
suureen seikkailuun,
mitä tajua minä en.
Olen takanasi varjonasi,
olen näkymättömissä, kun käännät pääsi
olen vain piilossa kuin kantapääsi.

Kuinka joka paikassa
tässä elämässä.
Sanojeni välissä
nimesi kirkkaana soi.
Sielussani hymysi,
kirkkaana valona purppuroi.

Voisit uskaltaa

Voisit uskaltaa kokeilla,
sopivatko sinut ruuvit
minun jenkoihin.
Ei ujous auta näihin
ihmissuhde juttuihin.
Ei sinun tarvitse olla
pelloissasi,
sillä en aio sinua
kokonaisena niellä.

Olet vain se kirkas majakka
mun öisellä pimeällä tiellä.
Ei sinun tarvitse olla
niin ujo, eikä katkera,
en sinusta liikaa mä
halua.
Haluan vain tarttua kiinni
käteesi, olla se lohduttava
olkapää, kun majakassasi
ei riitä jakaa valoa enempää.

Muistojemme työtä

Teemme muistojemme työtä,
yksinäiset sylikkäin.
Olen näytelmäni tähti,
pääosassa tämän murhenäytelmän.
Usko lähti, sulki sydämeni uksen.
Toivo sydämeeni asumaan
vielä jäi, enkelini kanssa käsikkäin.

Elämä, sekä minä, pyörimme akselissa
tässä, samassa olemme kiertämässä.
Kiertoradalla yksinäisten,
pyörimme kaukana toisistamme.
Rakkaus se on kadotettu
paratiisistamme.

En rakkaudesta koskaan
nouse ilmaan enää.
Aamuyössä Otavan tähtivyössä
yksi surullinen tähti mua tuijottaa,
näyttää kieltä, sekä pitkää nenää.

Sinulla on syötävän kauniit korvanlehdet,
niitä nälkäisenä, unessani himoitsen.
Olen kalkkistenrunosuoni,
elämäni teatteriksi
luoden, sinullekin siitä
jonkun sanan suoden.

Patajätkälle

Vuoren mä siirsin,
jalkojesi juureen kannoin sen.
Patajätkäkorttiin piirrin
suuren sydämen.
En suostu täysin
koskaan murtumaan.

Aikaa on siitä,
kun linssiini sinut
mies jostain piilosta löysin.
Aiheutit sydämessäni suuren
haloon. Perhoset sisälläni
masurkkaa tanssia sai.
Tuohon miehekkään komeuteen,
luonto kai lahjojaan tuhlaa.
Tuota suurta, ujotta, sekä
uhmaa, mikä silmistäsi ulos
heijastuu.

Avointa, rakastuneen haavaa,
kannan sydämessäni,
se on laavaa ulos hehkuvaa.
Peilisalissani vanha nainen
kuvaansa peilaa,
ei suostu hän
vanhuuttaan näkemään.
Menneet päivät ei häntä
purppuroi, aikaa vastaa
julistaa sodan hän.

Kiellän rakkauteni

Kierrän kuin yöperhonen,
liekehtivää kynttilää.
Minä usvaksi muutun,
sinuun unohdun.
Yö piilottaa minut
varjoihinsa saa.
Rakkaus joskus
sammua saa,
ehkä vielä kerran
saan rakastaa.

Syksy saapuu,
putoavat lehdet puiden kuolevain.
Kävelen ohitse tuon suihkulähteen,
jossa vesi on kuohua.
Loputon päivien virta,
joskus tiensä päähän käydä voi.

Katkaisin kahleeni,
nainen kyselee
jos mies sinkku olla vois.
En vastausta mistään saa,
miehellä ei ryhti riitä
siihen, että kysymykseen
aina vastataan.
Kiellän rakkauteni,
en suostu sitä, edes itselleni
myöntämään.

Minä olen vain perhonen,
poltan siipeni
sinun valokeilassasi.
Olet minulle kuin
polttolasi,
yhtä kiinnostava
lentää kohti.
Pelottava, rakastumisen
vaara karismassasi hohti.

Toivoa on se mitä
minä haluan,
toivoa voi vain
mitä minä saan.
Jotain on pysyvästi
sisälläni särkynyt.
Voisit olla se hän,
joka näkisi
minut näkymättömän.
Olen näkymätön nainen,
aina piilossa,
silloin kun onnea jaetaan.
Sormustimellisen sitä,
joskus onnistun varastamaan.

Yksinäinen

Mä hukkaan aina sydämeni,
minne piiloon taas se meni?
Elämä esitäytettylomake,
rasti sinne, rasti tänne.
Numeroituja kaikki ystävämme.

Olen nainen, puolinainen,
tai kokonainen.
Äänet ajatuksieni,
piiskaavat liian lujasti.
Elämä, älä huuda mulle.
Arki se elämääni pyörittää,
kenkäni tiukasti kiinni nyörittää.
Hetki on ihme, ilme huutava.
Naiset juoksevat kiireellä treffeillä,
minulle se peli ei käy,
treffeillä minua ei näy.
On elettävä huolella,
istuttava amorin nuolella.

Yksinäinen, pariton, hertta-akka
istun yksin, unelmoiden niitä näitä.
Ajatellen tähkäpäitä, nuoruuteni
kesi jo pois. Huominen jo keski-ikää
olla vois.

Mitäpä jos tuuli yltyy, sydämeeni
tarttuu, lentääkö rakkauteni ilmaan?

Hän

Vapaus on sana sen,
ken illuusiota myy.
Siihen piilo kierouteen,

on kätkettynä
musta kateellinen kyy.

On maljani, vaillinainen,
olen nainen puolinainen
vaan. Siihen on kai
suuri syy.
Jumalainen mies,
hehkui valoaan,
karismaan kietoutui hän.
Silti piiloutui,
niin kuin räystään alle.
Se räystäs oli kuvaannollinen
vain. Se oli hattu lipallinen.
Paronittaren tunnuksin,
ryhmään tahtoi kuulua hän.

Ujous soitti ensiviuluaan,
silti orkesterini soimaan
sai hän.

Yhä leijun

Yhä leijun sfääreissäni,
olen liian erilainen pitsisissäni.
Miehen kylkeen yöksi
kaipaa nainen.
Hän näki kaunista unta,
oli siinä se luomakunta,
jota kaipaa niin.

Nousen seitsemänteen
ilmalaivaan,
päälle sen sateenkaareen.
Iltaan kuudenteen
kun elettiin, niin valtakunta
odotti prinssiään.
Kenties olen sokea,
tai sydän täynnä mustaa nokea.
Nukuin ikään kuin satavuotiaana,
käy prinssi suudelmaan,
ylle naisen uudenmaan.

Sydän tyynynään käyn
lepäämään, olen täysinainen,
niin erilainen.
Saapui perjantai,
nyt viikko siihen asti
kulkea sai.
Oli unessani se mies,
jota kaipaan niin.

Silmät, kun kiinni painan,
niin kuvasi sielunkankaalta
esiin heijastuu.
Nyt on jälleen syyskuu,
sydämeni kipsiin,
kääreisiin piiloutuu.

Pääsymme paratiisiin evättiin,
jäin tänne valtakuntaan viimeisten
vanhojen lohikäärmeiden.

Toivoa

Minä tänään nousen
siivilleni, ne hyvin
voimakkaana kantaa.
Eilen, me särkyneet,
jaksoimme toisiamme
kannustaa.
Sä olet minulle taivas,
mä olen jalkojesi alla maa.
Olen ystäväsi, voin hetkisen
lohduttaa sen, kun tiesi on
liian raskas. Askeleillesi
liian kivinen.
Silti ujouteni alle,
ehkä murrun.
Sanoit minulle: kasvoton olen joukossa
ihmisten.

Jokelassa

Tahdon vielä edes kerran elämässä
tunkea käteni miehen taskuihin.
Läpi syksysateiden,
sinun laulusi mä
kuulen korvissani kaikkialle.
Se soi takaa vuosikymmenten.
Kerran elämässä
sieluni mä menetin,
en koskaan sitä samaa
voi tehdä uudestaan.
Joensuu herää heinäkuussa,
muut kuukaudet
torkkuu se tilkkutäkin alla.

Sinun kuvasi paikka on
sieluni ikkunalla.
Nälän, sekä riemun voi hukata sekuntiin.
Elää rock and roll, se sielussani rummuttaa,
sydämeni rytmin asettaa.
Rakkautta, vihaa,
ne vierivieressä kulkea saa.

Jokelassa joku minulle pata-akan ojentaa.
Se kortti on siemen sen, syntyvän runoteoksen.
Nimeltänsä "Patajätkä",
siinä ehkä pikkupätkä elämääni sisällään.
Minä menen, minä tulen,
silti tähän yksinäisyyteeni sisään jään.

Pata-akka

Kilpaillaan siitä,
siihen valtapeliin
ei aikaakaan riitä.
Kumpi on pahempi toistaan,
kumpi loisii loistaan.
Kumpikin tahtoo
loistaa, bulevardilla elämän.
Kumpikin kääntää leivän pinnan esille,
kiiltävän voistaan.
Kumarretaan kuvaa ikonin,
joskus jopa saatanan.
Minä meitä kavahdan,
en tahdo olla
se naisuhri pahanmaailman.
Synnytin Eevan lapsia neljä,
neljä kaunista prinsessaa,
maailman pelisaleihin tanssimaan;
balettia elämän.

Olen patakuningatar, ilman miestäni,
kannan povella iestäni,
se kumaraan minut painaa saa.
Sokeana huudan elämälle,
olen päättämätön nainen,
olen kuolevainen.
Huudan silti sinulle patajätkä:
Ottaisitko silti minut,
vaikka en oikeaa suuntaa löydä kartalta.
Ilman sinua ei mikään oikein minua kiinnosta.

Rakkautta vain

Yö kietoi meidän mustaan samettiin,
pyöritti samaan atmosfäärin
mystiseen pakettiin.
Yhdessä joukolla laulettiin,
liukenivat nesteeseen murheet
aikuisten.
Opettelimme yhdessä
ajattelemaan, toivatko
vuodet viisautta mukanaan?

Nyt on jo yö kaukana,
kyntensä on teroittanut
sairasmaailma.
Sinä olit yön menninkäinen,
minä päivänsäde olla sain.
Lauloin, ja lauloin,
tunsin sydämeni lentävän.
Kätketty sydämeeni on
tuon hetken kauneus.
Sinä olit minulle se Anrde,
minä sain olla sulle Jean.

Tunsin sydämeni villinä lentävän,
ylle tähtitaivaan, ylle atmosfäärin.
Yhä unelmissani sen
yön tähtipeiton samettisen
ylleni käärin.
Sisälleni kätketty on tuon hetken kauneus,
ja silmiesi kristallinen kirkkaus.

92

Ystävälle

Olet kukan sisällensä
kätkenyttä mettä.
Olet sisälläni se
kristallinen vuori,
jonka yli pääse en.
Olen monimutkainen,
eksyn maailmaan,
tuuliin sen.
Puhun riimeillä
riivaavilla,
sanoilla satuttamattomilla.

Joskus niin herttaista
kirjoitan, että kuvottaa.
En sinua tahdo koskaan
unohtaa, ollaan me
ystäviä, jos ei koskaan
sen enempää.
Nämä säkeeni sinusta
hetkeksi tajunnanvirtaan
seilaamaan jää.
Et sitä tietää voi,
kuinka paljon minulle sä annoit.
Mitenkä paljon minulle merkitset.

Vihainen rekkamies

Vihainen rekkamies,
kiihdyttää kaistaa,
hiljentää ei tahdo millään.
Kaasua painaa,
tahtoisi kai olla vainaa.

Kiroilee, haistattaa,
muissa ei mitään vikaa,
katsoo taustapeiliin
vaihtaa kaistaa.

Autossa lukee Onni,
rahtia kyydissä useampi tonni.
Vihainen mies,
raskas auto, sekä ies.
Hampaitaan narskuttaa,
puree, naisettomuutta suree.

Hänelle kelpaa ei kukaan,
tissejä vertailee,
peppuja mittaa.
Koskaan ei missään kaljaa kittaa,
maitoa juo.
Kiitoautovarikolle rekkansa
iltaisin tuo,
matkaa kotiinsa kahden koiransa luo.

Rakkaus ja minä

Sorrun aina riiminäppäryyteen,
rakkaus ja minä,
me kierrämme toisiamme.
Alkaa se kotien purku,
kun rakkaus meille
näyttää pitkää nenää,
tai kieltä.

Sillä ei ole mitään mieltä,
kun rakkaus se suistaa tieltä,
suurimmankin matroonan.
Mierontiellä , tai tiellä
Petsamoon, katsoo hän
kieroon, ken joutunut on
jalkoihin Amorin sokean.

Niin herttaista

Minä sinusta kirjoitin niin herttaista että,
se sinua alkoi liikaa kuvottamaan.
Joka hetki kun sinua ajattelen,
vatsassa yhä se tunne vääntää.
Perhoset, ne eivät koskaan lentäneet pois.
Silloin minun ehkä parempi olo olla nyt vois.
Minä annan aina sinulle hiljaisuuteen syyn.

En enää koskaan kerro rakkauttani sinuun.
Se ei koskaan poistu, on tatuoituna minuun.
Pidän kaikesta mistä kerrot, saduista valheista.
Jopa julmistakin tarinoista elämänlaaksojen rotkoista.

Taivas maanpäälle laskeutuu, kun silmiisi vain
katsoa saan. Se on lyhyt tie Nirvanaan.

Tämä kirja oli pieni osa runoistani kirjoitan

blogia http://sofiatanninen.blogspot.fi/

Rakkautta vain

Joskus suuri kaatosade tulla vois,
huuhtoa meistä sen kaiken pahan pois.
Niin silloin minä voisin täysillä
sinua rakastaa.

Vain pienen nanosekunnin,
rakkauttasi sielussani pitelin.
Sen jälkeen alkoi ilmalento
elämän, sait allesi mustat siivet.
Pois lensi hän taakse sinitaivaan,
mä nousen hetkeksi taas unelmien
ilmalaivaan.

Tahdon rakkautta murun
varastaa, sen sisälleni
ikuisuudeksi piilottaa.
On jossain maarakkauden,
ja maa särkyneen pienen sydämen.